Sebastian Stranz

Wasserkreislauf

- Vogelzug

- Migration

Rückkehr zu einer natürlichen Haltung

FSC
www.fsc.org
MIX
Papier aus ver-
antwortungsvollen
Quellen
Paper from
responsible sources
FSC® C105338

Bibliografische Information

der Deutschen Nationalbibliothek:

Die Deutsche Nationalbibliothek verzeichnet diese Publikation
in der Deutschen Nationalbibliografie; detaillierte bibliografische
Daten sind im Internet über http://dnb.dnb.de abrufbar.

Herstellung und Verlag:
BoD – Books on Demand, Norderstedt
ISBN 9783738606799

Inhalt

Vorwort

2015 erreichte eine beispiellose „Flüchtlingswelle" Deutschland. Die Reaktion der Kanzlerin Angela Merkel , mit ihrer Aussage „Wir schaffen das!" die Grenzen nicht zu schließen, wies den Weg, sich als Land der Aufgabe zu stellen und einen Weg der Integration zu beschreiten. Von einem nicht unerheblichen Teil der Bevölkerung wurde diese Strategie durch eine ebenso beispiellose „Willkommenskultur" mitgetragen.

Manche der aus einem spontanen Impuls heraus überschwänglich Hilfsbereiten haben sich wieder enttäuscht abgewendet und halten nun die Willkommenskultur von 2015 für einen Fehler. Nach dem Anschlag von Berlin im Dezember 2016 wurden auch wieder verstärkt die Rufe laut, Flüchtlinge, die sich nicht integrieren wollen, abzuschieben.

Diese Reaktionen sind verständlich. Dennoch sollte man sich von der Vernunft leiten lassen. Wer entscheidet, wer integrierwillig ist und wer nicht? Wer soll die Abschiebeflüge bezahlen – sofern sie in der hohen Zahl, die wir bereits jetzt theoretisch erreicht haben, überhaupt durchführbar sind!?

Wir beklagen, dass wir nicht die Einreiseformalitäten einhalten wie andere Staaten. Aber diese Vergleiche sind müßig. Wir sind in einer geschichtlich einmaligen Situation, und der einzige Weg, den Kampf gegen den Terror zu gewinnen, ist: Den Flüchtlingen – und insbesondere den muslimischen Flüchtlingen – zu zeigen, dass wir ihre Freunde sind! DAS wird dem Terror den Boden entziehen – nichts anderes! Wir fordern verschärfte Kontrollen, doch wenn wir die LKW's nicht mehr passieren lassen, dann kommen eben die Rucksackbomber. Auf diesem Weg ist der Krieg nicht zu gewinnen. Auch nicht mit Abschiebung.

Meine Devise zu dem Thema ist:

Jeder darf verhungern, wo er will.

Das ist durchaus ernst gemeint, aber natürlich bedarf dieser Satz der Erläuterung: Jeder hat das Recht, auf diesem Planeten dort zu leben, wo er will. Aber keiner kann von einem Land fordern, in alle Menschen endlos Geld hineinzupumpen. D.h., wer sich nicht integriert, wird eben wirtschaftlich verlieren. Wer sich integriert, hat in dem Maß Anteil am Wohlstand, wie er es sich selbst erarbeitet.

Diese Eigenverantwortlichkeit nach dem Motto „Jeder ist seines Glückes Schmied" meinen wir, den Flüchtlingen abnehmen zu müssen. Wir meinen darüber entscheiden zu müssen, wer wo sein Leben verbringen soll. Für diesen Eingriff in die Schicksale anderer Menschen haben wir nach meinem Verständnis einer christlichen Werteordnung kein Recht. Darüber hinaus soll in diesem Buch aufgezeigt werden, dass wir mit diesem von vielen angestrebten Etablieren einer Abschiebe- bzw. Abschottungspolitik – nach welchen Kriterien auch immer – weder unsere Sicherheit erhöhen noch unsere Kultur bewahren noch unseren Wohlstand beschützen.

Die erklärten Ziele der Abschiebe- bzw. Abschottungspolitik müssen auf ganz anderen Wegen erreicht werden. Das aber, was sie bewirkt, ist lediglich ein enormer Reibungsverlust im Prozess der Integration.

Der erste Teil dieser Broschüre wurde im Jahr 2014 – noch vor der großen Einwanderungswelle 2015 in Deutschland – geschrieben. Er versucht, aus einer zugegeben radikalen Deutung des christlichen Werteverständnisses heraus, Richtlinien zu entwickeln für den praktischen Umgang mit Einwanderern. Der Grundgedanke ist, dass wir unsere Kultur nur beschützen können, wenn wir uns ihrer Leitlinien wieder bewusst werden und sie – auch und gerade im Umgang mit den Einwanderern aus fremden Kulturen – leben!

Der zweite Teil ist entstanden nach über einem Jahr praktischer Flüchtlingsarbeit von April 2016 bis August 2017, und zwar als Sozialpädagoge und Projektleiter in einer Integrationsmaßnahme für Flüchtlinge im Auftrag der Agentur für Arbeit und des Jobcenters. Der Name dieses Projektes lautete

„PerF – Perspektive für Flüchtlinge".

Genau hierin erkenne ich einen entscheidenden Ansatz für die Bewahrung unseres Wohlstandes, für die Bewahrung unserer eigenen Kultur und auch für die Bekämpfung des Terrors: Flüchtlingen eine

Perspektive geben. Mit ihnen reden – sie nicht nur einfach monatelang in den Gemeinschaftsunterkünften vor sich hinvegetieren lassen! Wenn wir mit Flüchtlingen reden, dann entsteht gegenseitiges Verständnis, und wenn wir ihnen Wege aufzeigen, wie sie sich in Deutschland ein sinnvolles Leben für sich und ihre Familien aufbauen können, dann verlieren andere Perspektiven für sie an Attraktivität. Die Gehirnwäsche der Islamisten kann nur funktionieren bei isolierten jungen Menschen, deren ganz natürliche Frage nach dem Sinn des Lebens nirgendwo anders eine Antwort findet.

Ein Flüchtling wird kaum eine Pädagogische Fachkraft über den Haufen fahren, wenn er zuvor

- seine Traumata bei ihm ansprechen und aufarbeiten durfte und einfühlsames Gehör gefunden hat,
- in seinem Unterricht Aha-Erlebnisse über die Eigenheiten der deutschen Gesellschaft hatte (die durchaus auch so ihre skurrilen Seiten hat),

- in seinem Unterricht einen Austausch erlebt hat, wo über die Gemeinsamkeiten und die Unterschiede zwischen den Religionen ergebnisoffen diskutiert wurde,
- durch seine Vermittlung Wohnung und Arbeit finden konnte,
- viele Momente erlebt hat, wo man gemeinsam lachen konnte...

Ja, es geschehen Terror-Anschläge auch durch Flüchtlinge, denen von Deutschen geholfen wurde und die teilweise sogar in deutschen Haushalten Aufnahme gefunden haben. Worum es hier gehen soll, ist also nicht eine blindwütige Barmherzigkeit. Der gute Wille ist da, aber das was oftmals dennoch fehlt: die rechte Kommunikation auf Augenhöhe. Hier liegt das Geheimnis der erfolgreichen Sozialarbeit mit den Flüchtlingen. Die barmherzigen Gnadengaben für Flüchtlinge können ebenso ein Gefälle erzeugen, von oben herab, wie die überheblichen Anmaßungen ausländerfeindlicher Parolen. Es geht nicht darum, dass wir den Flüchtlingen unsere Wohnungen öffnen, wie es in einer aktuellen Komödie mit Heiner Lauterbach und Senta Berger dargestellt wird

(„Willkommen bei den Hartmanns"). Wir müssen das ebenso tun oder ebenso wenig tun, wie wir es für deutsche Obdachlose tun würden!

Die erste Erkenntnis für einen erfolgreichen Weg im Umgang mit den Flüchtlingen lautet:

Es sind Menschen wie wir.

- Menschen, die in aller Regel auch einfach nur leben wollen, essen, wohnen, arbeiten, ihre Familien versorgen,
- die in aller Regel selber vor der Bedrohung durch die Islamisten in ihren Heimatländern geflohen sind,
- die keine Almosen wollen, sondern eine Perspektive, wie sie sich ein neues Leben aus eigenen Kräften aufbauen können.

Meine im ersten Teil postulierten moralischen Leitlinien musste ich nicht revidieren. Sie haben sich in der Praxis bewährt. Leider haben sie sich meistens nicht bewährt in der Form, dass ihre Umsetzung zum Erfolg führt. Sondern sie haben sich in der Form bewährt, dass in der Praxis erkennbar wurde, dass ihre

Nichtumsetzung im Netzwerk der Institutionen, in denen sich so eine Maßnahme nun einmal bewegt, lediglich zu enormen Reibungsverlusten führt und nichts, aber auch gar nichts beiträgt zum Schutz deutschen Wohlstandes, zur Bewahrung deutscher Kultur oder zu einer Erhöhung der Sicherheit. Diese Ziele werden auf einer ganz anderen Ebene erreicht.

Strausberg, Dezember 2017
Sebastian Stranz

1 Rückkehr zu einer natürlichen Haltung

– Weltanschaulicher Hintergrund

(2014)

1.1   Migration ist der Normalfall

„Die türkischen Mitbewohner im Haus grüßen, die deutschen tun das nicht mehr.“

Es gibt Beispiele für ein positives bereicherndes Miteinander von Deutschen und Ausländern. Doch auch diese Beispiele zeigen oft unsere verzerrte Wahrnehmung auf. Denn mittlerweile haben wir die zweite und dritte Gastarbeitergeneration. So werden die Nachbarn mit den türkischen Namen auch dann als Ausländer bezeichnet, wenn sie in Deutschland geboren und zur Schule gegangen sind, einen deutschen Ausweis haben und vielleicht sogar die deutsche Sprache besser beherrschen als die ihrer Eltern. Sie gelten bei uns als „Türken“, während sie in der Türkei als „Deutsche“ gelten.

Aktuell haben Parteien einen großen Zulauf, die sich des „Problems der Migration“ annehmen wollen. Sie fordern zum Beispiel, dass die deutschen Sozialsysteme nur noch „den Deutschen“ offenstehen sollen, nicht aber „den Ausländern“. Obiges Beispiel zeigt auf, dass es aber zunächst einmal definiert werden müsste, wer überhaupt als Deutscher und wer als Ausländer gilt. Was ist das entscheidende Kriterium? – Der Ausweis? – Die Aufenthaltsdauer? – Die Anzahl der Arbeitsjahre? – Die Anzahl der Generationen, die in Deutschland leben?

Haben wir vergessen, dass sich gerade „die Deutschen" seit je her aus vielen Völkern zusammensetzen? Ein großer Anteil der „Deutschen" hat seit je her slawische, skandinavische, italienische oder französische Wurzeln. Wer eigentlich die Germanen oder die Alemannen einmal waren, weiß kaum ein „Deutscher". Die Wurzeln der Rasse der Arier jedenfalls liegen in Indien, nicht einmal in Europa.

In unserem wie in anderen europäischen Ländern möchte man den „verdienten Wohlstand" beschützen vor dem Ansturm der Armen aus dem Süden – aus Afrika, Nahost oder dem Balkan. Diese Schrift möchte aufzeigen, dass diesem verständlichen Reflex ein falsches Denken zugrunde liegt, das sich gegen die Natur, gegen das Leben selbst stellt. Das Bewusstsein „es ist nicht genug für alle da" ist ein Mangeldenken, das unserer Erziehung und Sozialisation entspringt. Es entspricht nicht der Natur, dem Leben, den Gesetzen einer nachhaltigen Prosperität. Dieses Mangeldenken baut Zäune und Mauern, Bollwerke gegen die Mitmenschen. An den ertrinkenden Afrikanern im Mittelmeer erkennen wir, dass unser Mangeldenken sich nicht mit der Mitmenschlichkeit vereinbaren lässt.

Dieses Dilemma lässt sich lösen, wenn erkannt wird, dass die ungezählten namenlosen Menschenopfer überflüssig sind, weil dieses Mangeldenken auf lange Sicht den Wohlstand nicht erhalten und beschützen kann. Der Wohlstand, an den wir uns so klammern, wird uns in den Händen zerbröseln. Weil Wohlstand kein statischer Zustand ist, sondern einem dynamischen Prozess entspringt, der alle Impulse mit einbezieht, anstatt sie zu blockieren.

Der sowjetische Sozialismus wollte einst die großen russischen Ströme, die von Süden nach Norden fließen, umleiten und von Norden nach Süden fließen lassen. In seinem Wahn meint der fortschrittsgläubige Mensch, er könne die Natur nach Belieben beherrschen und regulieren. Der Mensch muss jedoch erkennen, dass er viel Energie verliert, wenn er sich gegen die Kräfte der Natur stellt, anstatt sie zu nutzen. Die russischen Ströme fließen noch heute von Süden nach Norden.

Wenn man die Geschichte der Menschheit betrachtet, sollte man sich fragen: Könnte das Phänomen der Migration nicht ein ebensolches Naturereignis sein wie Wasserkreislauf oder Vogelzug?

Seit Menschengedenken sind die Völker über die Erde gewandert. Sei es auf der Flucht oder in der Hoffnung auf ein besseres Leben. Meistens beides. – Aber beide Gründe waren in den vielen Jahrtausenden der Menschheitsgeschichte immer legitim.

Die Hoffnung auf ein besseres Leben gilt heute in einem Asylverfahren nicht mehr als ein legitimer Grund. – Was ist los mit uns?

Wir gucken im Fernsehen „Good bye Deutschland", wo es genau um diese Hoffnung geht. Deutsche suchen ihr Glück im Ausland, aus wirtschaftlichen Gründen, teilweise aber auch einfach aus Langeweile und Abenteuerlust. Teilweise handelt es sich um gutsituierte Bürger, die erfolgreich im Berufsleben stehen und ein eigenes Haus haben. Sie geben alles auf, einfach um noch einmal durchzustarten und mit der Lust am Abenteuer woanders sich selbst zu verwirklichen. – Und das ist völlig okay! Anderen aber, die mindestens ebenso gute Gründe haben, sprechen wir dieses Recht ab!

– Was ist los mit uns?

Vielleicht haben wir einfach eines noch nicht verstanden: Migration ist kein Ausnahmezustand, der nur aus der Not geboren wird. Migration ist der sich in jeder Generation wiederholende Schöpfungsimpuls des Lebens, der Traum des Menschen, sein Glück zu suchen, die sich in jedem Menschen wiederholende Suche, seine eigene Art von Paradies zu finden. Was auch immer der äußere Anlass für eine Migration sein mag: Dieser Schöpfungsimpuls des Lebens ist die treibende Kraft.

Wir wollen ihn eindämmen und möglicherweise sogar ersticken. Wir glauben, damit eine Art von Wohlstand zu bewahren. Aber könnte es nicht sein, dass wir damit unser Leben ärmer machen, nicht reicher?

Das ist durchaus nicht nur auf einer zwischenmenschlichen Ebene gemeint, sondern auch in wirtschaftlicher Hinsicht, denn die wirtschaftliche Situation ist stets nur ein Abbild unseres Denkens.

1.2 Migration zulassen ist nicht Nächstenliebe, sondern Pflicht

Im Zusammenhang mit Migranten und Asyl-Antragstellern sprechen wohlmeinende Menschen gerne von „humanitären und christlichen Werten". Von Abschiebung Bedrohte finden oftmals Unterschlupf in Kirchen, soziale Hilfswerke organisieren Flüchtlingscamps und medizinische Versorgung, Spendenorganisationen und liberal eingestellte Politiker appellieren an unser Herz.

Das ist gut, aber bleibt dabei nicht das Wesentliche auf der Strecke?: Beim Thema Migration geht es nämlich gar nicht um Nächstenliebe im Sinne eines Gnadenaktes. Es geht um ein Grundrecht!

Es ist ein Grundrecht jedes Wesens in der Materie, sich auf diesem Planeten aufzuhalten, wo immer es will. Kein Mensch hat das Recht, einem anderen Menschen das abzusprechen, denn keinem Menschen gehört dieser Planet! Ein Mensch mag das Hausrecht in seiner Wohnung haben, eine Familie mag das Hausrecht in ihrem Haus haben, eine Organisation mag das Hausrecht auf ihrem Grundstück haben. Aber ein Volk hat nicht das Hausrecht in seinem Land, denn ihm gehört dieses Land nicht! Deutschland gehört nicht den Deutschen, Frankreich nicht den Franzosen, Schweden nicht den Schweden, Spanien nicht den Spaniern und Italien nicht den Italienern! Es mag Parteien geben, die das fordern – aber wer sollte ihnen diesen Besitz übereignen? Die Wahrheit ist: Jedem einzelnen Menschen gehört die ganze Erde! Wer das infrage stellt, stellt sich gegen die Schöpfung, die alles so eingerichtet hat, wie es ist.

Die Oboe in einem Orchester kann auch nicht einfach sagen: „Die Oboe gehört mir, was ich damit mache, ist allein meine Sache". Wenn die Oboe ihr eigenes Stück spielt, wird das Orchester nicht funktionieren. Sie muss sich in das Orchester einfügen. Jedes Land ist ein Instrument im Orchester des Planeten und fügt seine ganz eigene Melodie und Klangfarbe bei. Jeder Erdenbewohner hat das Recht, die GANZE Symphonie von Mutter Erde zu genießen, und kein Land hat das Recht zu sagen: „Ich spiele mein Instrument aber nur für bestimmte Leute, die bestimmte Kriterien erfüllen".

Jede Volksvertretung ist nur eine Verwaltung eines Landes und hat sich dem großen Dirigenten unterzuordnen, der auf diesem Planeten der Schöpfungsimpuls des Lebens ist. Wenn der Schöpfungsimpuls des Lebens die Migrationen in Bewegung setzt, so sind ganz gewiss die Ursachen und Gründe in den Herkunftsländern zu analysieren. Aber Dämme und Riegel bauen dürfen wir diesen Kräften nicht.

Nun gibt es gewiss viele Menschen, die das hier postulierte Grundrecht der unbegrenzten Freizügigkeit infrage stellen.

- Worauf gründet es sich?
- Und wie soll es praktisch umgesetzt werden?

Zur praktischen Umsetzung kommen wir im nächsten Kapitel. Sofern die einfache Tatsache der planetaren Einheit infrage gestellt wird, soll hier an eine Grundaussage von Jesus von Nazareth erinnert werden:

„Mein Reich ist nicht von dieser Welt".

Wer immer dafür plädiert, die Tore eines Landes vor den Mitmenschen zu verschließen, stellt er sich nicht über den Begründer der christlichen Religion? Er betrachtet das Land, in dem er lebt, als das Eigentum „seines Volkes".

- Ist das noch eine christliche Haltung?

Und wenn die westlichen Industrienationen das Fundament der christlichen Religion verlassen,

- verlieren sie dann nicht ihre moralische Legitimation?

Eine moralische Legitimation jedenfalls, die sich auf halbherzigen „humanitären Werten" gründet, wird kaum andere Völker überzeugen. Sie sind oftmals viel tiefer in ihrer Religion verwurzelt als wir.

Den „Kampf der Kulturen" (Samuel P. Huntington) werden wir mit unseren „humanitären Werten" nicht gewinnen, solange wir sie mit Waffengewalt, mit Sicherheitskontrollen, mit limitierten Fremdenquoten und mit oberflächlicher „humanitärer Hilfe" auszudrücken versuchen! Wann verstehen wir endlich, dass sich darin keine echten humanitären und erst recht keine christlichen Werte ausdrücken? Das, was sich darin ausdrückt, ist lediglich eine moralische Hilflosigkeit, die aus der verlorengegangenen Verwurzelung in der eigenen Religion resultiert.

1.3 Organisation der Migration ist Organisation der Gesellschaft

Das Postulat des Rechts der uneingeschränkten planetaren Freizügigkeit wirft natürlich Fragen auf:

- Wie soll ein unbegrenzter Zustrom an Elendsflüchtlingen zu organisieren sein?

- Wird ein Land, das für diese ungebremsten Ströme der Wohlstandshungrigen attraktiv erscheint, nicht binnen kurzem ausbluten?

Es soll hier aufgezeigt werden, dass diesen Ängsten ein grundsätzlicher Denkfehler zugrunde liegt. Ist der behoben, lösen sich die Probleme der wirtschaftlichen Integration von alleine.

Viele junge Familien müssen sich fragen:

„Können wir uns Kinder überhaupt leisten?"

Irgendwann entscheiden sie sich einfach zu vertrauen und den Schöpfungsimpuls des Lebens nicht länger zu blockieren. Sie stellen fest: Es ist zwar nicht leicht, aber es geht, und die Kinder sind eine Bereicherung für ihr Leben, die sie keinesfalls mehr missen möchten.

Die Staaten, die sich den Flüchtlingsströmen stellen möchten, brauchen sicher auch dieses Quentchen Mut und Urvertrauen in das Leben. Eines aber ist sicher: Es gibt einen Weg der gelungenen Integration, der zu einer win-win-Situation führt! Es gibt ihn dann, wenn wir uns von alten Denkmustern lösen, mit denen wir uns letztlich selber schaden, ob mit Migranten oder ohne. Durch den Zustrom der Migranten werden lediglich unsere Schwachstellen sichtbar, die ohnehin vorhanden sind. Die Integrationsschwierigkeiten von Migranten sind letztlich die gleichen, die wir den eigenen jungen Heranwachsenden in den Weg stellen. Der gröbste Fehler unseres Denkens ist das bereits angesprochene Mangeldenken.

Wir denken:

- „Es ist nicht genug Wohlstand da, die Ausländer nehmen uns den Wohlstand weg“.

Gleichzeitig denken wir:

- „Es ist nicht genug Arbeit da, die Ausländer nehmen uns die Arbeit weg".

Mit dieser Haltung meinen wir, uns auf dem Boden der Realität zu bewegen und uns lediglich an Fakten zu orientieren. Wie vollkommen irrational diese Haltung aber ist, wird schnell erkennbar, wenn wir beide Aussagen zueinander in Beziehung setzen:

Muss denn wirklich erst daran erinnert werden, dass es zwischen Arbeit und Wohlstand eine gewisse Beziehung gibt???

Das heißt, jeder Neubürger kann sich das Maß an Wohlstand, das er erreichen will, selber erarbeiten. Und jeder Neubürger bringt sich den Arbeitsplatz, den er besetzt, im Prinzip selber mit. Denn jeder Arbeiter ist natürlich gleichzeitig ein Konsument. Durch die Steigerung des Konsums werden im Prinzip so viele neue Arbeitsplätze geschaffen, wie es neue Konsumenten gibt.

So nimmt also ein Neubürger weder Wohlstand noch Arbeit weg. Diese Ideen entspringen einem einschränkenden, auf dem Status quo beharrenden Denken und erweisen sich bei rationaler Betrachtung ganz schnell als Ammenmärchen. Die vermeintlichen Probleme werden durch unseren unflexiblen Umgang mit dem Phänomen erst erschaffen: Wir meinen in einem langwierigen Verfahren gewissenhaft prüfen zu müssen, ob ein Einreisender triftige Gründe vorlegen kann. In dieser Zeit wird ihm keine Arbeitserlaubnis erteilt.

Dahinter stecken kranke Denkmuster, die lediglich die Energien blockieren. Glauben wir wirklich, wir können unseren Wohlstand mit Energieblockaden behüten? – Das ist ein altes, überholtes Denken und wird zu keinem nachhaltigen Erfolg führen. Jeder, der sich mit den Gesetzen des Erfolgs befasst, weiß, dass Erfolg ein Ergebnis fließender Energien ist und durch Energieblockaden nur behindert werden kann.

- Erstens hat aufgrund des oben postulierten Grundrechtes der globalen Freizügigkeit kein Mensch das Recht, die Motive eines anderen für seine Bewegungen auf diesem Planeten abzuprüfen (sofern er sich nicht auf privatem Boden befindet und kein Straftatsverdacht gegen ihn vorliegt).

Man kann sie aus Interesse und Anteilnahme erfragen, aber nicht abprüfen.

- Zweitens hat kein Mensch das Recht, einem anderen ein Arbeitsverbot auszusprechen.

Von daher kann die Erteilung einer „Arbeitserlaubnis" nur als eine Anmaßung betrachtet werden, die sich gegen den Schöpfungsimpuls des Lebens selber stellt. Jeder Mensch hat per se das Recht zu arbeiten! Steht ein Staat, der sich anmaßt, dieses Recht anzuzweifeln, noch auf dem Boden der Menschenrechte??? Es sollte also Schluss gemacht werden mit dem Unfug, Arbeitserlaubnisse auszustellen – weil sie einfach kein Mensch benötigt! Es stellt auch kein Mensch dem anderen eine Erlaubnis aus zu essen oder zu atmen. So etwas ist grober Unfug, weiter nichts.

Bereits jetzt zeichnet sich ab, dass wir durch derlei phantasielose Maßnahmen die Probleme keineswegs in den Griff bekommen. Die Lösung liegt auf einer anderen Ebene. Die Lösung liegt in der Rückkehr zu einer natürlichen Haltung. Dies wird zu ganz anderen Handlungsansätzen führen.

Wie bereits aufgezeigt, erzeugen die Pole Arbeit und Wohlstand ein Gleichgewicht. Deshalb ist es eine Schande, dass teilweise bei beruflich voll integrierten Einwanderern auch nach Jahren noch das Bleiberecht infrage gestellt oder gar verweigert wird. Hier zeigt sich offenbar kein Beschützen des heimischen Wohlstands mehr, sondern lediglich eine tiefsitzende unterschwellige Fremdenfeindlichkeit. Mit dieser furchtsamen und abwehrenden Haltung gegenüber dem Fremden offenbaren wir die Verkrüppelung unseres Gefühlslebens und werden keinesfalls den „Kampf der Kulturen" gewinnen.

Wie oft muss ein Mensch eine „befristete Duldung" erhalten, ehe er ein freies und herzliches

„Willkommen!" erfährt? Könnte es nicht sein, dass viele Menschen in unserem Land aufgrund der Verhärtung ihrer Herzen zu einem freien, offenen „Willkommen!" gar nicht mehr fähig sind? Spiegelt das Gebaren unserer Behörden nicht die verbiesterte und verklemmte Haltung unseres Volkes wider?

Nun kommen wir zu denen, die keine Arbeit bei uns finden und die heimischen Sozialsysteme belasten.

a) Da gibt es die, die gerne arbeiten würden, aber einfach keine Chance erhalten aufgrund ihres Äußeren, ihres Alters, ihrer fehlenden Abschlüsse oder ihres dürftigen sprachlichen Ausdrucks – was ein Erkennen der vorhandenen Fähigkeiten und Potentiale verhindert.

b) Da gibt es die mit gesundheitlichen Einschränkungen, die körperlich nicht (mehr) in der Lage sind, einfache Helferjobs anzunehmen, die aber auch geistig nicht in der Lage sind, sich in kurzer Zeit höher zu qualifizieren. Sie könnten sich durchaus noch nützlich machen, nur nicht unter dem

Leistungs- und Konkurrenzdruck des 1. Arbeitsmarktes. Hier fehlt vielfach ein dicht gewebtes funktionierendes Gemeinwesen, das diese Menschen unbürokratisch in Gemüsegärten, Essenausgaben, Kleiderkammern, Second-Hand-Läden oder Gebrauchtmöbeldepots integrieren könnte.

c) Und da gibt es sicherlich auch die, die es bloß darauf anlegen, die Sozialsysteme auszubeuten, und alle Schlupflöcher nutzen, um möglichst viel Geld abzuschöpfen.

Bei all dem müssen wir uns bewusst sein:

Diese Probleme gibt es mit oder ohne Einwanderer!

Die Einwandererströme machen nur diese Probleme vielfach sichtbar und zeigen auf, dass in unserem Land einiges nicht stimmt. Wir sollten ihnen dankbar dafür sein. Aber natürlich gehört eine gewisse Größe dazu, dem dankbar zu sein, der die eigenen Schwachstellen aufdeckt. Anstatt dessen schieben wir gewöhnlich gerne dem den schwarzen Peter zu, der uns auf unsere Probleme aufmerksam macht und schieben ihm die Schuld dafür in die Schuhe. Währenddessen unternehmen wir natürlich nichts, um die eigentlichen Missstände zu ändern. – Auch das ein krankhafter Reflex, der uns mit oder ohne Einwanderern anhaftet!

-   zu Gruppe a)

Das Fixiertsein unseres Arbeitsmarktes auf äußere Parameter wie Abschlüsse, Alter und sprachliche Ausdrucksfähigkeiten verstellt sehr oft den Blick auf das, worum es eigentlich geht: die Fähigkeiten des Bewerbers. Das ist einer der Gründe, weshalb Deutsche ins Ausland gehen: Sie finden wieder Anerkennung in der Arbeit, die ihnen hier verwehrt bleibt. Die Integrationsfähigkeit unseres Arbeitsmarktes braucht mehr Flexibilität und Menschlichkeit. Durch die Zuwanderer wird dieses Problem lediglich sichtbar.

Türkischstämmige Akademiker, die in Deutschland geboren und aufgewachsen sind, finden vielfach nicht die Stellen, die ihrer Ausbildung entsprechen. Beim Anblick eines schwarzhaarigen

Bewerbers, dessen Namen Ö's und Ü's enthält, hat der Deutsche sofort die Schublade Döner-Verkäufer oder Müllmann parat. Die Integrationsbemühungen des türkischstämmigen Einwanderers werden mit Füßen getreten. Um eine Stelle gemäß seiner akademischen Ausbildung zu finden, muss er auswandern nach Istanbul, obwohl die Türkei für ihn ein fremdes Land ist, das er nur aus Erzählungen und bestenfalls aus Besuchen kennt.

Solche Fälle zeigen auf, dass es nicht immer die Einwanderer sind, die sich einer Integration verweigern, sondern oft genug ist es das Einwanderungsland.

Solche Fälle zeigen zudem auf, dass Leistung nicht immer das Kriterium für ein Fortkommen in unserer angeblichen Leistungsgesellschaft ist. Gründe für eine Ablehnung können sein:

- fehlende Beziehungen,
- eine Behinderung,
- das falsche Geschlecht.
- oder bei Führungspositionen auch einfach die geringe Körpergröße.

Die Reflexe der Diskriminierung, die bei „Ausländern" sichtbar werden, betreffen die eigene Bevölkerung ebenso.

- zu Gruppe b) und c)

Diese beiden Gruppen werden zusammen abgehandelt, denn der Schlüssel zur Lösung liegt darin, sie zueinander in Beziehung zu setzen.

Dass das Arbeitslosengeld II – bekannt unter „Hartz IV" – bis zum Rand des Möglichen ausgenutzt wird, ist unter den deutschstämmigen Mitbürgern ebenso verbreitet wie unter den Einwanderern. Durch die Einwanderer wird das Problem lediglich sichtbar. Rumänische Familien bevölkern ganze Mietshäuser in Berlin-Neukölln, gründen Scheinfirmen, um anspruchsberechtigt zu sein, lassen ihre Kinder zu viert in einem Zimmer auf Matratzenlagern hausen und barfuß herumlaufen. Die Einnahmen für ihre Bedarfsgemeinschaft transferieren sie so weit wie möglich nach Rumänien, um sich dort Häuser zu errichten. Diese offensichtliche Fehlentwicklung macht nur sichtbar, wie krank und anfällig die Idee der Ausbezahlung der Hilfeempfänger ist. Das Denken unserer Politik kreist nur um Geldsummen. Die Angemessenheit der staatlichen Fürsorge, auf die ein Langzeitarbeitsloser Anspruch hat, wird allein in ausbezahlten Euro gemessen. Das erscheint uns mittlerweile als normal, doch das Denken, das dem zugrunde liegt, ist krank. Wir können die, die unserer Hilfe bedürfen, nicht „ausbezahlen". Das ist ein Ansatz des „Sich-Freikaufens", der mit echter Hilfe nichts zu tun hat.

Eltern, die keine Zeit für ihre Kinder haben und sie mit Geschenken überhäufen, werden niemals ihren Kindern das geben, was sie brauchen, egal wieviel Geschenke sie ihnen zukommen lassen. Die Verhandlungen über die Fürsorge für Langzeitarbeitslose, die allein um die Höhe des Alg-II-Anspruches kreisen, bewegen sich auf einer völlig falschen Ebene. Hiermit werden wir die Probleme niemals lösen. Drei Beispiele sollen das sichtbar machen, wobei es völlig egal ist, ob es sich bei den Betroffenen um „Deutsche" oder um „Ausländer" handelt.

- 1.) Es gibt nicht wenige Alg-II-Empfänger, die dem Alkohol oder anderen Drogen zusprechen. Spätestens Mitte des Monats sind sie blank und leben vom Betteln, Suppenküchen bzw. Schwarzarbeit, um über die Runden zu kommen. Wie sollte eine Erhöhung des Alg-II-Bezuges ihnen helfen?

- 2.) Es gibt Alg-II-Empfänger, die wegen Minusbeträgen auf dem Konto bzw. Schulden (oft Stromschulden) bereits am Anfang des Monats pleite sind und den Besuch ihrer Wiedereingliederungs-Maßnahmen nicht wahrnehmen können, weil sie sich mit Flaschensammeln und „Containern" (Sammeln von abgelaufenen aber verwertbaren Lebensmitteln im Abfall) über Wasser halten müssen. Welcher Alg-II-Betrag wäre denn da angemessen?

- 3.) Es gibt nicht wenige Alg-II-Empfänger, die es ablehnen, für den gesetzlich vorgeschriebenen Mindestlohn zu arbeiten, wie es ihrem Ausbildungsstand bzw. ihrer Berufserfahrung entspräche. Die Einstiegslöhne bringen ihnen in der Regel keine spürbare wirtschaftliche Verbesserung. Die intrinsische Motivation, sich durch Arbeit für die Gesellschaft nützlich zu machen (und so letztlich seine eigene Integration zu finden), bringen viele Arbeitslose nicht mehr auf. Besondern den Vielen, die sich durch „die Gesellschaft" enttäuscht fühlen, fehlt sie natürlich. Sie bedürfen der extrensischen Motivation einer spürbaren wirtschaftlichen Verbesserung durch die Arbeit.

Das Lohniveau in einem reichen Land wie Deutschland ist natürlich viel zu niedrig. Die Idee der ungebremsten Gewinnmaximierung, die unserer Wirtschaft zugrunde liegt, höhlt folgerichtig den breit verteilten Wohlstand aus und führt zunehmend zu einer Verarmung der Arbeitnehmerschaft. Wir haben bereits vergessen, dass ein Gesellenbrief dem Arbeitnehmer eine Grundlage bieten sollte – ggf. auch als Alleinverdiener – eine Familie zu gründen. Dagegen führt die Vergrößerung einer Arbeitslosen-Familie durch Nachwuchs automatisch zu einer Vergrößerung der Bedarfsgemeinschaft und somit zu einer Hebung und Sicherung des Lebensstandards. Es ist klar, dass eine Erhöhung der Alg-II-Ansprüche nicht der Ausweg aus diesem Dilemma sein kann.

Vielleicht bedürfen wir einer radikalen Lösung: Langzeitarbeitslose in Naturalien ausbezahlen!

Hier geht es um Langzeitarbeitslose, die länger als drei Jahre arbeitslos sind, und alle, die noch nicht lange genug in die deutsche Arbeitslosenversicherung eingezahlt haben (Jugendliche ohne Ausbildung und ohne Arbeit, sowie arbeitslose Einwanderer). Wenn diese Gruppe in Naturalien ausbezahlt wird, dann bedeutet das nicht unbedingt eine Verschlechterung ihrer Lebensqualität (im Gegenteil!). Aber es bedeutet ein Stück Wiederherstellung sozialer Gerechtigkeit.

Es kann nicht sein, dass ein Alg-II-Empfänger, der noch nie gearbeitet hat, mehr Ansprüche hat als ein Rentner nach Jahrzehnten harter Arbeit! Und es kann nicht sein, dass ein Auszubildender oder ein Student sich seine Wohnung mit Gebrauchtmöbeln einrichten muss, während ein Alg-II-Empfänger eine Neuausstattung finanziert bekommt! Geht einem Alg-II-Empfänger seine Waschmaschine kaputt, so bekommt er auf Antrag eine neue. Geht einem Arbeitnehmer mit einem üblichen Niedriglohn seine Waschmaschine kaputt, dann muss er sie entweder reparieren oder einen Kredit aufnehmen oder erstmal in den Waschsalon gehen!

Was wir brauchen, ist eine sehr viel weitergehende Verbreitung von Suppenküchen, Kleiderkammern, Gebrauchtmöbeldepots, Second-Hand-Shops und Wohnheimen mit Gemeinschafts-Waschküchen. Hierdurch können Langzeitarbeitslose nach drei Jahren Arbeitslosigkeit und Menschen, die noch nie in Deutschland gearbeitet haben, versorgt werden. Gleichzeitig können hier alle jene, die auf dem 1. Arbeitsmarkt de facto keine Chance mehr haben, sinnvolle Betätigung finden (die jetzt noch völlig aussichtlos in „Wiedereingliederungs"-Maßnahmen gesteckt werden, nur um die Statistik zu schönen bzw. die Jobcenter-Mitarbeiter zu entlasten).

Hierdurch gelangen wir zu mehr Selbstorganisation der Arbeitslosen. Diese muss natürlich durch entsprechendes pädagogisches Personal initiiert und angeleitet werden. Das ist jedoch allemal effektiver als über 50jährige Arbeitslose mit schwerwiegenden gesundheitlichen und deutschsprachlichen Einschränkungen und ohne eine verwertbare Ausbildung in Maßnahmen unterzubringen, die sie in den 1. Arbeitsmarkt vermitteln sollen!

Durch eine solche durch weniger Bürokratie und mehr Selbstorganisation geprägte Hilfestruktur für die Arbeitslosen werden mehrere Probleme auf einmal gelöst:

- Der Anreiz für Langzeitarbeitslose sich wieder Arbeit zu suchen, ist wieder gegeben. Denn dann vermittelt auch das wenige Geld aus einem Einstiegslohn das Gefühl von Freiheit und Mündigkeit, wofür es eigentlich steht. Es bedeutet nicht unbedingt eine Verbesserung der Lebensqualität gegenüber der Versorgung mit Naturalien und Gebrauchsgütern. Aber der ideelle Wert der Arbeit wird wieder spürbar.

- Die finanzielle Belastung der öffentlichen Hand durch die Versorgung der Arbeitslosen wird effizient verringert, auch wenn sich die Gesellschaft den Migranten mehr öffnet.

- Der Anreiz für Ausländer, wegen dem Arbeitslosengeld nach Deutschland zu kommen, entfällt. Der Transfer der deutschen Hilfeleistungen ins Ausland wird bei Naturalien reizlos. Dennoch werden alle noch arbeitslosen Einwanderer effizient versorgt und können sich dabei auch noch nützlich machen.

- Nicht zuletzt resultiert aus diesem kostengünstigeren Ansatz paradoxerweise für sehr viele Arbeitslose eine bessere Versorgung. In einer Großstadt wie Berlin werden wohnungslose Langzeitarbeitslose in Maßnahmen gesteckt, die sie in den 1. Arbeitsmarkt vermitteln sollen. Es wird ein kontinuierlicher Maßnahmebesuch verlangt, während das Grundproblem des Obdachs nicht gelöst ist und sie auch zum häuslichen Lernen über keinen ungestörten Bereich verfügen. Wir haben die absurde Situation, dass manche arbeitslose Singles in einer komfortablen Zwei-Zimmer-Wohnung leben, während es für andere noch nicht einmal einen Wohnheimplatz in einem Zweibettzimmer gibt. Es gibt sogar Fälle, wo Arbeitslose über Monate über ihre noch vorhandene Kreditkarte ständig wechselnde Hostelbetten vorfinanzieren müssen (die horrenden Beträge wurden mit einem Verzug von mehreren Monaten ersetzt). Andere hausen bei Freunden oder Bekannten unter Bedingungen, die nicht dazu beitragen, die Lebenssituation zu ordnen und aus der Arbeitslosigkeit herauszukommen. Mietbewerber mit negativer Schufa haben auf dem Wohnungsmarkt von vornherein so gut wie keine Chance.

Der Vereinzelung in der Gesellschaft muss Rechnung getragen werden. Nicht jeder einzelne Arbeitslose benötigt ein eigenes Bad und eine eigene Küche. Aber jeder einzelne Arbeitslose benötigt ein eigenes Zimmer als Rückzugsraum. Ebenso sollte das für die Kinder von Arbeitslosen gelten. Sofern in der Kürze der Zeit nicht die fehlenden Wohnheime neu gebaut werden können, kann die öffentliche Hand größere Wohnungen anmieten, die sie zimmerweise an die Arbeitslosen vergibt.

Das ist nicht nur kostengünstiger als die Finanzierung unzähliger Mini-Haushalte, das ist nicht nur gerechter gegenüber den Arbeitnehmern im Niedriglohnbereich – nein, das verschafft auch vielen langzeitarbeitslosen Wohnungssuchenden in prekären

Situationen die schnelle und unbürokratische Hilfe, die sie benötigen. Sie einem gewinnorientieren Mietmarkt, der an ihnen kein Interesse hat, oder einer Warteliste in einem Wohnheim zu überlassen, ist ein Unding!

Die Frage, die durch die Immigranten aufgeworfen wird

– „Wo soll ein Platz für sie gefunden werden?" –

ist eine Frage, die im gleichen Maße die einheimischen Arbeitslosen betrifft. So muss erkannt werden, dass die Immigranten nicht das Problem sind, sondern es nur sichtbar machen. Wir können die Immigranten problemlos integrieren, wenn die gesamtgesellschaftlichen Integrationsstrukturen – die auch die eigene Bevölkerung betreffen! – analysiert und reformiert werden. Hierbei geht es nicht um Mehrausgaben (das vermeintliche Wundermittel für alle Probleme), sondern um eine Umorganisation, die erst einmal zu einem höheren Bedarf an sozialpädagogischem Personal führt. Denn die Selbstverwaltung und Selbstorganisation der Langzeitarbeitslosen muss angeleitet und begleitet werden.

Bedeutet die Versorgung mit Naturalien durch Suppenküchen, Wohnheime, Gebrauchtmöbeldepots, Second-Hand-Shops, die Reparaturen durchführen, und Kleiderkammern eine Missachtung der Menschenwürde?

Man könnte es so sehen. – Nur, was ist mit den zahllosen Studenten, Azubis und Niedriglohn-Arbeitern, die unter genau solchen Bedingungen ihre Existenz erst allmählich aufbauen müssen? Ist es nicht die eigentliche Missachtung der Menschenwürde, wenn die Arbeit nicht gerecht entlohnt wird, und wenn zahllose Arbeitslose trotz ihrer Bezüge sich mit Flaschensammeln und Containern über Wasser halten müssen? Ist es nicht die eigentliche Missachtung der Menschenwürde, wenn Arbeitslose in den Ämtern als unfähige Bittsteller behandelt werden, anstatt ihnen eine Aufgabe in Selbstorganisation zu geben?

Und ist nicht in diesem Zusammenhang ein mindestens ebenso großes Problem die Missachtung der Konsumgüter, die letztendlich auch die Missachtung der Arbeitet bedeutet, die dahintersteht? Denn wenn der Arbeitslose kaputte Haushaltsgeräte einfach durch Neuware ersetzt bekommt, dann kann sich die Achtung vor den Konsumgütern nicht aufbauen. Eigentlich steckt in genau diesem Reflex der „Ausbezahlung" eine Missachtung des Menschen. Denn der Arbeitslose lernt dadurch nicht nur, dass Konsumgüter wertlose Massenware sind. Er lernt gleichzeitig, dass er als unfähig eingeschätzt wird, eine Reparatur durchzuführen oder zumindest zu organisieren. Der Arbeitnehmer steckt täglich in solchen kleinen Herausforderungen, auch wenn er finanziell nicht besser dasteht. Die „Ausbezahlung" des Arbeitslosen aber nimmt ihm alles ab und bedeutet daher auch eine Form der Entmündigung.

Gebrauchte Güter, einen kleinen, aber abgeschlossenen Raum, unverkäufliche, aber noch verzehrbare Lebensmittel wertzuschätzen, bedeutet den ersten Schritt dahin, die Konsumgüter an sich und die Arbeit, die dahintersteht wertzuschätzen. Hier ist gleichzeitig der Schlüssel für die Motivation zur Arbeit wie auch für die Achtung vor den Mitmenschen als auch seiner selbst. Die dauerhafte Ausbezahlung auf Minimalniveau führt durch die ständig neu erforderliche Antragstellung zu einer abhängigen Bittsteller-Rolle.

Dadurch wird die Selbstachtung eher untergraben, während sie durch die Etablierung einer Selbstorganisation auf der Grundlage einer Versorgung mit Naturalien eher gefördert wird.

1.4 Angst vor dem Fremden ist Angst vor dem Leben

Die offene Gesellschaft, um die es hier geht, ist wirtschaftlich sehr wohl zu organisieren. Es wurde aufgezeigt, dass sie bei richtiger Herangehensweise nicht Mehrkosten, sondern Wachstum bedeutet.

Das, was die Menschen wirklich hindert, sich der einfachen Logik des Wachstums – des Zuwachses – zu öffnen, liegt sehr häufig auf einer anderen Ebene:

Es ist die unterschwellige Angst vor dem Fremden.

Dabei ist die Angst vor dem Fremden, vor dem Unbekannten, immer nur ein Spiegel. Denn wer sich selbst kennt, wer sich seines eigenen Wertes und seiner eigenen Kultur gewiss ist, der wird dem Fremden und Unbekannten immer mit souveräner Neugier und Anteilnahme begegnen. Der Punkt ist: Wir wissen vielfach gar nicht mehr, wer oder was die Deutschen sind, wir haben kaum noch eine deutsche Kultur, eine deutsche Religion oder ein deutsches

Liedgut, das identitätsstiftend sein könnte. Eine Fußballweltmeisterschaft muss dafür herhalten, dass wir uns mit unserem Land noch identifizieren können, dass wir noch so etwas wie Nationalstolz empfinden und deutsche Lieder singen. Das zeigt auf, dass es sich um ein erbärmliches Ventil handelt.

- Wo ist unser Nationalstolz, wenn keine Fußball-Weltmeisterschaft ist??

- Oder wo ist unser Nationalstolz, wenn „unser Team" nicht gewinnt???

Seien wir doch mal ehrlich: Wir empfinden ansonsten kaum noch einen Stolz auf eine identitätsstiftende Kultur. – Weil wir keine haben!

Wir wissen nicht mehr, dass „die Deutschen" bereits im mittelalterlichen „Heiligen römischen Reich deutscher Nation" ein Konglomerat von vielen Völkern und Regierungen war. Etwa so wie die US-Amerikaner setzte sich „das deutsche Volk" schon seit je her aus einem Gemisch von hängengebliebenen Ein- und Durchwanderern zusammen.

Ein „Volk von Dichtern und Denkern" waren wir sowieso noch nie. Die Dichter und Denker sind in jedem Volk immer nur eine Minderheit. Wer liest denn diese „Dichter und Denker" außer den armen Heranwachsenden, die stellvertretend in unseren Schulen dazu gezwungen werden? „Volkstümlich" sind bei uns wohl eher die Drehbuchautoren und Regisseure von Krimi- und Familienserien zu nennen als „Dichter und Denker".

Die sogenannte „deutsche Volksmusik" ist auch nicht als die „Musik der Deutschen" zu bezeichnen, sondern auch nur wieder einer bestimmten Gruppe innerhalb der Deutschen.

Deutschland, als ein westlicher Staat, rühmt sich, eine säkulare Verfassung zu haben und Kirche und Staat zu trennen. Wenn es so wäre, dann dürften wir ja keine Probleme mit dem Muezzin haben, der vom Minarett zum Gebet ruft. Oder wir müssten die christlichen Kirchenglocken ebenfalls verbieten. Das Problem ist: Wir sind weder säkular noch christlich. Wir halten aus Tradition an alten kirchlichen Strukturen fest, die bis in die obersten Etagen unserer politischen Führung reichen. Im Herzen aber haben sich die meisten Deutschen von den kirchlichen Formen der Spiritualität weit entfernt und leben entweder in einem halbgläubigen Kirchengängertum, in einem totalen Atheismus, oder wenden sich anderen Religionen zu. Eine Identitätsstiftung für „die Deutschen" entspringt aus den kirchlichen Traditionen kaum noch.

Türkische oder andere Einwanderer treffen sich viel häufiger als die Deutschen, um gemeinsam zu beten, zu singen, zu musizieren und zu tanzen. Die Deutschen – abseits der Fußballweltmeisterschaft – werden immer mehr zu missmutigen kulturlosen Einzelgängern. Das ist nicht „Dichter- und Denkertum", das ist bloß noch „deutsche Grummeligkeit".

Wir haben Angst vor der „Überfremdung", vergessen dabei aber völlig, dass die Qualität der eigenen Kultur nicht durch Masse geprägt werden kann, sondern nur durch die Intensität, mit der der Einzelne – für sich oder in der Gruppe – seine Kultur ausübt und lebt. Nur weil die meisten Deutschen diese Intensität schon lange verloren haben und durch ausländische Feste und Rituale unbequemerweise daran erinnert werden, reden sie von „Überfremdung".

Der Kern des Problems ist nicht die Überfremdung, sondern die eigene Entwurzelung! Das ist die Wunde, an der die Fremden rühren, für die sie aber gar nichts können!

Die Wurzeln jeder Kultur liegen in der Religion. Was wir brauchen, ist nicht eine Abwehr des Islam (außer in dessen verfassungsfeindlichen Auswüchsen). Was wir brauchen, um unsere eigene Identität wiederzufinden, ist ein Wiederaufbau eines lebendigen Christentums. Der beginnt mit unserem christlichen Verhalten gegenüber dem Mitmenschen, ganz besonders dann, wenn er sich in einer Notlage befindet.

2 Hart aber herzlich

– Erfahrungen aus der Praxis

(2017)

2.1 Neuland erobern

Nach der ersten großen Flüchtlingswelle 2015 gibt es einen Gegenwind für die Flüchtlingspolitik der deutschen Bundesregierung, die in mehr oder weniger offenen Grenzen besteht und die ihren Ausdruck gefunden hat in dem Satz der Bundeskanzlerin Angela Merkel „Wir schaffen das".

Besorgte Bürger schlagen mittlerweile übrigens vor, lieber von ‚Geflüchteten' als von ‚Flüchtlingen' zu sprechen. Sie führen an, die Endsilbe „-linge" würde in der Regel abwertend verwendet, wie bei „Sträfling", „Sonderling" usw.. Lassen wir uns nicht von dieser Art von „political correctness" verwirren! Es führt zu nichts, wenn wir aus dem Kopf heraus an unserer Sprache herumdoktorn – außer dass wir uns irgendwann nicht mehr trauen, uns zu artikulieren, weil wir so verunsichert sind, dass wir gar nicht mehr wissen, was denn nun „political correct" ist!

Wenn ich nicht ‚Flüchtling' sagen soll, dann soll ich wohl demnächst von meiner Frau nicht mehr als von meinem ‚Liebling' sprechen, sondern von meiner

‚Geliebten'? – Ihr würde es sehr wahrscheinlich nicht so behagen! Die vermeintlichen Gesetzmäßigkeiten der deutschen Sprache wurden bereits bei der Rechtschreibreform versucht, in eine Umerziehungsmaßnahme eines ganzen Volkes einmünden zu lassen. Heraus kam ein Verwirrspiel, das einer ganzen Generation von Schülern die Grundlagen für einen sicheren Umgang mit der Rechtschreibung entzogen hat. Die Sprachwissenschaft muss der Praxis folgen, nicht umgekehrt!

„Wir schaffen das NICHT", heißt es heute von vielen kritischen Stimmen. Der Ruf nach Obergrenzen wird laut – ohne zu erklären, wie sie durchzusetzen seien. Der Ruf nach schnellerer Abschiebung wird laut. Doch auch hier bewegen sich politische Diskussion und die Umsetzbarkeit der Praxis auf völlig verschiedenen Ebenen. Davon abgesehen, erübrigt sich das Herumgezerre an dem Begriff ‚Obergrenze' von alleine:

Die große Welle von 2015 ist erst einmal abgeflaut, es kommen von ganz alleine nicht mehr so viele an. Auch aus diesem Grunde wieder die Frage:

Warum lassen wir nicht einfach ein freies Spiel der Kräfte zu? Warum meinen wir alles mit deutscher Behördengründlichkeit kontrollieren zu müssen (auch Dinge, die wir, mit Vernunft betrachtet, gar nicht kontrollieren können).

Der unglaubliche organisatorische und finanzielle Aufwand, um Obergrenzen oder Abschiebungen wirklich effektiv durchzusetzen, zeigt auf, dass wir ein Problem haben – so oder so! Wir haben uns einer beispiellosen Einwanderungswelle zu stellen. Und wir bewegen uns mit unseren Strategien, darauf zu reagieren, auf der Ebene des Altbewährten.

– Wenn aber nun das Altbewährte nicht mehr greift?

– Wenn nun der Zeitpunkt gekommen ist, dass wir für ein neues Problem uns neue Denk- und Handlungsmuster aneignen müssen, um sie zu bewältigen?

Die Flüchtlinge, die ihre Heimat verlassen und die nach Deutschland kommen, wissen, dass sie sich Neuland erobern müssen: Sie müssen Neues erlernen und vielfach bereit sein, ihre herkömmlichen Denk- und Handlungsmuster zu hinterfragen und abzulegen.

Ich werde gefragt „Auf welcher Wolke lebst Du eigentlich?" Und ich antworte: In der Praxis.

Ich arbeite in einer Maßnahme für die Integration von Flüchtlingen und schöpfe aus unmittelbaren Erfahrungen. Ich sehe, was möglich ist, und ich sehe vor allem, welche Möglichkeiten noch brachliegen, weil sich altbewährte Denk- und Handlungsmuster nun einmal nicht auf alle neuen Situationen übertragen lassen! Die Betriebe sind flexibel, denn sie haben auch bisher lernen müssen, dass sie anders nicht überleben können. Aber täglich stoßen wir auf die Abstrusitäten sozialer und behördlicher alter Muster. Menschen und Behörden haben leider nicht die gleiche Bereitschaft umzudenken, wie die Betriebe, die letztlich unseren Wohlstand erwirtschaften. Wir haben eine neuartige Situation! Mein Anliegen ist es aufzuzeigen, dass wir nur zu einer Lösung kommen können, wenn wir zu dem Gleichen bereit sind, das wir von den Einwanderern fordern: AUCH WIR müssen alte Muster aufgeben und uns auf Neuland wagen!

Meine theoretischen Denkansätze von 2014 wurden in der Praxis nicht widerlegt, sondern bestätigt – leider meistens dadurch, dass es nicht vorangeht, weil sie nicht umgesetzt werden!

Eine aktuelle Illustrierte berichtet von zwei syrischen Brüdern [1]. Einem von ihnen wurde Asyl gewährt, dem anderen nicht. Sie kommen aus demselben Land und haben eine ganz ähnliche Geschichte. Glauben wir immer noch, wir könnten in diesem Antragsverfahren wirklich prüfen, wer ein guter und wer ein böser Flüchtling wäre oder welcher Gefahr ein Flüchtling in seinem Herkunftsland wirklich ausgesetzt wäre?

In ihren „BAMF-Gesprächen" sagten die beiden Syrer nicht, „dass es natürlich noch einen anderen wichtigen Grund gebe, wieso viele die Mühen und Risiken einer 10.000 Kilometer langen Flucht, oft zu Fuß, auf sich nehmen, um nach Deutschland zu kommen: die Hoffnung auf ein bessere Leben." Hier wird offenbar ein Tabu berührt, als ob „die Hoffnung auf ein besseres Leben" etwas Verwerfliches wäre.

---

[1] SuperIllu, Berlin, 52/2017, Sn. 24-26

Natürlich kann man vorschlagen, ein Mensch könne sich dieses bessere Leben ja auch in seinem Herkunftsland aufbauen. Aber ihm diese Entscheidung abnehmen und über ihn verfügen? Was gibt uns das Recht dazu? Und was glauben wir damit zu gewinnen?

In der heutigen aus den Fugen geratenen Welt scheint Deutschland für sehr viele Migranten der Hort der Sicherheit und Prosperität zu sein, die letzte Zuflucht, wo ein Überleben in Frieden am ehesten erreichbar ist. Die Einwanderungswelle, die 2016 aufgrund der europaweiten Regulierungsversuche abgeflaut ist, wird sehr wahrscheinlich wieder anschwellen. Nicht nur die Lager, die in der Türkei oder im Norden Syriens errichtet wurden, sind keine Lösung, sondern bilden eher eine Art „Propfen", aus dem die nächste Welle hervorgehen wird, sobald er sich löst. Auch die Heere, die sich in immer größerer Anzahl vor Afrikas nördlichen Küsten sammeln, werden sich früher oder später in Bewegung setzen.

Die sich verschlechternden europäischen Beziehungen zur Türkei bzw. das immer repressiver werdende Klima in der Türkei unter Erdogan führen derzeit sogar dazu, dass sich immer mehr etablierte

Unternehmen aus der Türkei zurückziehen. Weder wird die Türkei den Großteil der Flüchtlinge zurückschicken können, noch werden sie sich in einem solchen Land integrieren wollen. Die Aussicht auf ein Dauerelend in Großlagern wird weder für die Flüchtlinge selbst noch für die türkische Regierung attraktiv sein. Hier wurde durch die „Regulierungspolitik" der EU kein Problem gelöst, sondern nur ein weiteres geschaffen. Die Spannungen werden sich irgendwann entladen. Es ist nur zu hoffen, dass es in relativ friedlicher Weise geschehen wird.

Deutschland ist und bleibt in Europa das „Sehnsuchtsziel" für die Meisten der Verfolgten, Vertriebenen, Entwurzelten.

„Es geht nicht so weiter, wir schaffen das NICHT" – scheint ein objektiver Slogan in Deutschland zu sein, der sich auf die Beobachtungen und Erfahrungen der letzten Monate bezieht. Wie viele Flüchtlinge sind in Arbeit integriert? – Und wie oft hört man anstatt dessen von Straftaten, Übergriffen und Randale, die von Flüchtlingen ausgehen?

Eine andere Beobachtung: Die Teilnehmer in unserem Flüchtlingsprojekt legen ihre Hand auf ihr Herz, wenn sie uns begrüßen und tragen uns die Taschen. Natürlich kann man das nicht auf alle Flüchtlinge übertragen – aber Übergriffe und Randale ebensowenig! Die Erfahrungen in unserem Projekt zeigen zu unserer eigenen Überraschung, dass die Flüchtlinge von deutschen Betrieben gerne genommen werden – trotz fehlender Sprachkenntnisse. Viele sind Handwerkstalente, weil sie mit knapp 20 bereits 10 Jahre Berufserfahrung mitbringen – das läuft eben anders in anderen Ländern! Die deutschen Betriebe sind vielfach enttäuscht von deutschen Arbeitslosen, weil sie entweder keine Lust haben oder schon alt und verbraucht sind und Rheuma und Arthritis haben. Nach 2 Anstands-Arbeitstagen bringen sie einen Krankenschein. Manche der Jungen und Arbeitsfähigen haben auch längst den Bogen raus, wie sie mit Hartz IV und Schwarzarbeit weitaus besser leben als mit einer Stelle in einem gelernten Beruf.

Die Betriebe denken allmählich um – Menschen und Behörden sperren sich noch vielfach. Zum Beispiel hätten wir bereits Flüchtlinge in einer

Krankenhausküche als Küchenhelfer unterbringen können, für ein Praktikum und vielleicht auch darüber hinaus. Sowohl die Krankenhausleitung als auch der Chefkoch hatten bereits ihr Einverständnis signalisiert. Es scheiterte an bereits beschäftigten Küchenhelferinnen, die dagegen protestierten. Um den Frieden im Betrieb zu wahren, wurde das Praktikum schließlich vom Krankenhaus abgesagt.

Ein anderes Beispiel: Ein ehemaliges Überregionales Ausbildungszentrum mit teilweise neu eingerichteten Werkstätten für Holz- und Metallbearbeitung wurde umfunktioniert in eine Gemeinschaftsunterkunft für Flüchtlinge. Die Werkstätten wurden dabei stillgelegt und werden seitdem nicht genutzt. Die Flüchtlinge müssen die meiste Zeit untätig warten, bis ihr Asylantrag entschieden wird. Die brachliegenden Energien, die hier sichtbar werden, lassen einem die Haare raufen! Wem ist damit genützt, wenn die Flüchtlinge nur herumsitzen und von Steuergeldern leben müssen? An ihnen liegt es jedenfalls nicht! Die Betreibergesellschaft der Unterkunft hat kein Problem mit der Situation. Sie wird für die Unterbringung mit unglaublichen

Tagessätzen entlohnt, egal ob die angegliederten Werkstätten brachliegen! Es wird umso haarsträubender, wenn man mit einbezieht, dass viele Betriebe aus obengenannten Gründen ihre Stellen nicht besetzen können!

Dabei heißt ein Negativbescheid im "BAMF-Verfahren" noch lange nicht, dass der Antragsteller abgeschoben wird. In aller Regel legt er Widerspruch ein und ist von unserem System gezwungen, hierfür in kürzester Zeit 200 Euro für den Rechtsanwalt aufzutreiben. – Wie können wir es von jemandem erwarten, der weder über ein Bleiberecht noch über eine Arbeitserlaubnis verfügt, trotz dieser Zwangslage sich das Geld auf legalem Wege zu besorgen? Warum bringen wir die Flüchtlinge in eine solche Lage?

Ist der Widerspruch eingelegt, dann kann es nochmal 3 bis 4 Jahre dauern, bis darüber entschieden sein wird.

Und dieses ganze Spiel spielen wir, um unseren Wohlstand zu beschützen???

Das Neuland, das wir in Deutschland in dieser Situation für uns erobern könnten, wäre eine Win-Win-Situation, eine Synergie, die eine neue Prosperiät ermöglicht, nicht nur für die Einwanderer, sondern ebenso für die eigenen Betriebe und somit unsere Steuerkassen. Wenn das primäre Ziel die Integration in Arbeit wäre, dann könnten all die Energien, die heute noch in Gemeinschaftsunterkünfte und Prüfverfahren gesteckt werden, in Deutschkurse und Ausbildung gesteckt werden.

Welchen Beitrag leisten diese Prüfverfahren zur nationalen Sicherheit? Die Traumata brauchen keine Anhörungen, wo sie auf Glaubwürdigkeit geprüft werden, sondern empathische Profis der Psychologie und Sozialarbeit.

Sicherheit erlangen wir nicht auf der Ebene der Kontrolle – das ist unmöglich. Sicherheit erlangen wir nur auf der Ebene der Kooperation.

Dann werden uns genau die beschützen, vor denen wir uns so fürchten!

Die Naturheilkunde weiß: Es gibt nicht gute oder böse Keime. Sondern die gleichen Keime können gut oder böse sein, je nachdem wie das Milieu auf sie einwirkt.

Wir erhöhen unsere Sicherheit nicht mit der Gründlichkeit der Prüfverfahren, sondern mit dem Erfolg der Integration. Die Flüchtlinge, denen in unserer Gesellschaft eine Perspektive gegeben wird, werden für die im Jenseits angelegten Pseudo-Perspektiven von militanten Hasspredigern nicht mehr anfällig sein.

Gerade in den Prüfverfahren zeigt sich, dass wir krampfhaft versuchen, altes Denken auf eine neue Situation zu übertragen.

Es gelten Iran, Irak, Syrien, Eritrea und Somalia als sogenannte „unsichere" Herkunftsländer, wo also für die Asylantragsteller mit einer hohen „Bleibewahrscheinlichkeit" zu rechnen ist. Einer der Sprachmittler in unserer Maßnahme kommt selber aus dem Iran und hat dort ganz aktuell für mehrere Wochen seinen Urlaub verbracht. Hinsichtlich der allgemeinen Verfolgungs- und Bedrohungslage schätzte er schon lange den Iran als sehr viel sicherer ein als zum Beispiel Afghanistan. Afghanistan wurde jedoch den „sicheren" Herkunftsländern zugeordnet, weil es dort ja genügend Regionen gebe, die sicher seien. Diese politischen Einschätzungen geben nicht die besondere Verfolgungs- oder Bedrohungslage des Einzelnen wieder, weshalb ja auch die Anträge in individuellen Verfahren entschieden werden.

Am 31.05.2017 schließlich hat eine Autobombe die schwerbewachte Deutsche Botschaft in Kabul schwer beschädigt. Mit einem Schlag hat sich gezeigt, wie lächerlich die Einschätzung von angeblich „sicheren Regionen" in Afghanistan war. Wir schaffen uns nur künstliche Kriterien, die die geostrategische Realität nicht widerspiegeln und die persönliche Bedrohungslage eines einzelnen Flüchtlings schon gar nicht!

Bei der Darstellung der persönlichen Geschichte ist das entscheidende Kriterium für die Asylantrags-Prüfung die „Glaubwürdigkeit". Das zeigt auf, wie subjektiv letztlich die Entscheidung ist. Die Begründungen, die hier angeführt werden, sind jedoch in vielen Fällen haarsträubend und vollkommen inakzeptabel und zeigen auf, dass wir krampfhaft versuchen, altes Denken auf eine neue Situation zu übertragen.

Ein Afghane schilderte, er sei von den Taliban entführt worden, sei entkommen und habe dann unter Todesangst das Land verlassen. Die angeblich mangelnde Glaubwürdigkeit dieser Geschichte wird daran festgemacht, dass er doch Anzeige bei der örtlichen Polizei hätte erstatten können! Hier wird offenbar ein behördliches Denken, das in Deutschland seine Berechtigung hat, auf ganz andere Umstände übertragen! Natürlich weiß die örtliche Polizei auch ohne seine Anzeige, dass die Taliban Menschen entführen, und würde auch ganz sicher etwas unternehmen, wenn sie es denn könnte!

Ein klares Bild von dieser traurigen Wirklichkeit könnte man sich in Deutschland leicht durch die regelmäßigen Nachrichten machen. Anscheinend ist das nicht im Interesse der Prüfungsbehörden!

In anderen Berichten aus Afghanistan droht Verfolgung durch die Taliban, weil man sich der Anwerbung für den Dschihad entziehen wollte oder auch nur, weil man als LKW-Fahrer seine Dienste den Amerikanern angeboten hat. Die Mutter wurde von den Taliban vergewaltigt, der Vater entführt. Einen Sprengstoffanschlag auf den eigenen Konvoi hat der Betroffene nur mit knapper Not überlebt.

In mehreren Fällen solcher traumatischen Verfolgung wurde eine makabre Rechnung aufgemacht:

Nach Angaben der United Nations Assistance Mission in Afghanistan (UNAMA) gab es im Jahr 2014 landesweit 10.548 zivile Opfer (3.699 Tote und 6.849 Verletzte). Im Jahr 2015 stieg die Anzahl der landesweit registrieten zivilen Opfer um vier Prozent auf 11.002 (3.545 Tote und 7.457 Verletzte). (...)

(In der Folge wird auf die regionale Zuordnung dieses Anstiegs eingegangen, um aufzuzeigen, dass es doch in den meisten Regionen noch relativ sicher sei.)

Angesichts dieser Erkenntnisse blieb das Risiko, Opfer willkürlicher Gewalt im Rahmen eines innerstaatlichen bewaffneten Konfliktes zu werden weit von der Schwelle der beachtlichen Wahrscheinlichkeit entfernt. Selbst wenn man von 20.000 Opfern ausgeht, lag bei einer Einwohnerzahl von rund 27 Millionen (laut Afghan Central Statistics Organization) die Wahrscheinlichkeit, Opfer zu werden im Jahr 2015 bei 0,074 Prozent.

Das würde, auf deutsche Einwohnerzahlen übertragen, bedeuten, 60.000 jährliche Opfer bewaffneter innerstaatlicher Konflikte wären in unserem Land akzeptabel!

Haben wir uns nicht mit einer solchen Argumentation weit vom Boden unserer ach so tollen „humanitären Werte" entfernt? Um die psychologische Wirkung dieser Opfer zu verstehen, muss man sich nur einmal die Erschütterung in Erinnerung rufen, die der LKW-Anschlag auf dem Weihnachtsmarkt 2016 in Berlin ausgelöst hat! Hier ging es um 12 Todesopfer und 48 Verletzte! Niemand würde auf die Idee kommen auszurechnen, wieviel Prozent das eigentlich bezogen auf die Gesamtbevölkerung sind!

Dem sich von Verfolgung bedroht Fühlenden sind solche Berechnungen egal: Auch wenn bestimmte Regionen in Afghanistan als „sicher" ausgewiesen werden – in ihrem ganz besonderen Einzelfall nutzt es ihnen nichts, ob sie aus einer sicheren oder einer unsicheren Region von den Taliban entführt werden! Wenn ein Mensch sich in seinem Heimatland nicht mehr sicher fühlt, wird keine Statistik der Welt ihn vom Gegenteil überzeugen! „Sicherheit" ist genauso subjektiv wie „Bedrohung"! Wer das leugnet, verlässt den Boden anteilnehmender Humanität.

Die Entscheidung über Afghanistan als „unsicheres Herkunftsland" ist nun erst einmal in Deutschland bis zur Bildung einer neuen Regierung verschoben, die Abschiebungen in dieses Land werden bis dahin ausgesetzt. Welchen Sinn sollen diese Prozesse haben, in die wir uns da hineinbegeben haben? Wann merken wir endlich, dass wir uns und anderen das Leben einfach nur kompliziert machen, ohne unseren Zielen – Sicherheit und Wohlstand zu bewahren – näherzukommen?

Im gleichen Maße betrifft das Syrien, wo zwischendurch mal der Krieg angeblich beendet wäre, aber doch immer wieder aufflammt. – Wie sollen wir es einschätzen, welcher Gefahr durch Gefängnis, Sippenhaft und Folter ein Mensch ausgesetzt ist, wenn er jahrelang auf der „falschen" Seite gekämpft hat? – Oder wenn er auch nur der „falschen" Seite ohne eigenes Zutun zugeordnet wird? Glauben wir wirklich, wir könnten unser rechtsstaatliches Denken auf solche Regionen übertragen, wo schon das offizielle Regime Menschen ohne Anschuldigung in Foltergefängnisse verschleppt? Was droht dann erst von inoffiziellen Gruppierungen?

Wie kann man dann einfach formulieren „Der Krieg ist vorbei, Syrer zurück zum Aufbau ihrer Heimat"??? Ein Syrer, der das von sich aus unter Einsatz von Leib und Leben gerne möchte, soll gerne zurückgehen. Aber wie kann man das von einem anderen Menschen verlangen? Ist das nicht schon verroht zu nennen?

Behördliche Argumentationen und Berechnungen sind die Strategie, wie wir zu „gerechten" Entscheidungskriterien in der Frage des Flüchtlingsstatus und des Bleiberechts kommen wollen. Müssen nicht solche Bewertungen immer ungerecht bleiben, weil der Ansatz bereits falsch ist?

Die Grundtatsache lautet: Wir haben gar nicht das Recht dazu, über das Leben und den Schicksalsweg anderer Menschen zu entscheiden! Diese Kapitulation vor einer humanitären Grundtatsache könnte die Türen aufmachen für einen völlig neuen Prozess. Die Konsequenz ist die planetare Freizügigkeit, das „freie Spiel der Kräfte" auf dem Feld der planetaren Migrationsbewegungen. Die Folge scheint Chaos zu sein.

Doch der bisherige Ansatz, das Chaos zu bändigen, war ja nicht erfolgreich. Durch die Kapitulation könnten Kräfte freiwerden. Kräfte, die bisher nur für erfolglose und leidstiftende Regulationsbemühungen eingesetzt wurden, können nun endlich dafür eingesetzt werden, die Integration und ein gemeinsamen Weg des Lernens voranzutreiben.

Dann wird gemeinsam Neuland erobert, das vielleicht nicht nur den Flüchtlingen, sondern beiden Seiten neue Möglichkeiten eröffnet.

2.2   Hart aber herzlich – das Geheimnis erfolgreicher Sozialarbeit

Das eigentliche Geheimnis einer erfolgreichen Sozialarbeit lässt sich durch Studium allein nicht erlernen. Es ist eine Frage persönlicher Reife.

Die Bedürfnisse von Flüchtlingen sind die gleichen wie bei Projekten mit deutschen Arbeitslosen. Doch am Beispiel der Flüchtlinge tritt es besonders deutlich zutage: Gerade Menschen, die es gewohnt sind, in einer Großfamilie, einer Sippe bzw. einer Dorfgemeinschaft mit einer klaren hierarchischen Ordnung zu leben, sind entwurzelt und aus allen Ordnungen herausgerissen. Vielfach müssen junge Familienväter alleine den beschwerlichen Fluchtweg antreten, in der Hoffnung, später ihre Familien offiziell mit dem Flugzeug nachholen zu können.

Schnell bilden sich natürlich neue Hierarchien in den Heimen, nicht selten von gewaltbereiten Drogenhändlern angeführt.

Es ist gewiss nicht so, dass diese neuen Hierarchien in jedem Fall in der Lage sind, den hier Angekommenen ein Heimatgefühl zu vermitteln. Flüchtlinge leiden natürlich unter den sich etablierenden Gewaltstrukturen in den Gemeinschaftsunterkünften, die von Flüchtlingen ausgeübt werden. Bei den Meisten entsteht ein hierarchisches Vakuum, das durch die Rangordnung an der Waschmaschine nicht aufgefüllt werden kann. Es ist die große Chance für eine gute Arbeit mit Flüchtlingen, ihnen eine autoritäre Hierarchie zu bieten.

Autoritäre Hierarchie ist bei vielen Menschen in den westlichen Kulturen negativ besetzt. Jedoch bietet sie etwas, wonach Flüchtlinge gerade in ihrer Situation richtiggehend hungern: Orientierung! Das Maßnahmepersonal muss in der Lage sein, klare Regeln vorzugeben und dabei eine herzliche Verbundenheit zum Einzelnen aufzubauen. Jedoch gibt es bei den westlichen Arbeitsvermittlern, Jobcoaches, Sozialarbeitern, Lehrern und Dozenten häufig nur die beiden Extreme, die beide zu keinem Erfolg führen:

- Entweder sie haben aus einem falschen Konzept von antiautoritärer Erziehung heraus oder aus persönlicher Schwäche zu viel Verständnis für die Situation des Einzelnen, so dass sie keine allgemeinverbindlichen Regeln mehr durchsetzen können.

- Oder sie fahren aus einem falschen Verständnis von Autorität heraus, oder um ihre Unsicherheit zu überspielen (was unbewusst geschieht, aber sehr häufig ist), einen Kurs der restriktiven Disziplinierung, der letztlich niemandem hilft. Wenn der Einzelne nicht mehr spürt, dass ihm in der Maßnahme geholfen wird, macht er „Dienst nach Vorschrift“ bzw. er zieht sich zurück.

Hierbei ist es ganz wichtig zu verstehen, dass dieser Kurs der Härte und der Prinzipien nicht wirklich Souveränität ausstrahlt. Die Ämtervertreter, die durch Anwendung restriktiver Regeln die Flüchtlinge zu disziplinieren versuchen, erreichen nicht das, worum es geht: Sie werden nicht als ihre neuen Alphatiere anerkannt. Weil sie überhaupt nicht als Bezugspersonen wahrgenommen werden!

Das Konzept der autoritären Hierarchie mit einem Alphatier meint eben NICHT eine Machtdemonstration um ihrer selbst willen. Ein Mensch, dem es um die Aufwertung seines Egos durch Machtausübung geht, kann diese Rolle nicht ausfüllen. Solche von innen her souveränen Persönlichkeiten, die von den Anflügen frei sind, durch Unterwerfung anderer Defizite in ihrem Selbstwertgefühl zu kompensieren, sind schwer zu finden. Sie „herrschen um zu dienen". Es bedeutet die Fähigkeit, von Anfang an klarzustellen, wer hier die Regeln aufstellt. Aber es bedeutet auch die Fähigkeit zu einer Warmherzigkeit, die jedem Menschen das Gefühl gibt, dass er willkommen ist.

Positives Verhalten ausgiebig zu belobigen und zu belohnen. Sich für die einzusetzen, die gut mitarbeiten und ihnen beispielsweise durch persönlichen Einsatz den Nachzug der Familie oder eine Wohnung zu ermöglichen. Bei aller Empathie für den Einzelnen ist es wichtig, keinen zu bevorzugen oder zu vernachlässigen. Das ist nur möglich, wenn trotz dieser persönlichen Herzlichkeit keine persönlichen Bindungen aufgebaut werden. Und das ist nur möglich bei Persönlichkeiten, die in sich selbst ruhen und sich von ihren Gefühlen, die Dank oder Undank bei ihnen auslösen, vollkommen freimachen können. Die Autorität des Hierarchieobersten hat eine Grundlage: Verbindlichkeit. Und diese Verbindlichkeit drückt sich nicht nur darin aus, Regeln aufzustellen und diese durchzusetzen. Sie drückt sich ebenso darin aus, dass eine Herzlichkeit aufgebaut wird, dass der Erfolg der Teilnehmer ein eigenes Herzensanliegen wird, dass man sich mit allen Kräften für sie einsetzt – und dass man eigene Zusagen unbedingt einhält!

Dann kann geschehen – ohne dass es ausgesprochen werden muss – dass der Maßnahmemitarbeiter für einen kurzen Zeitraum die Rolle des neuen „Clanobersten" einnimmt, ein Sippenchef, ein Familienoberhaupt.

Klingt das abwegig?
– Ohne diese Rolle GEHT ES NICHT!

Noch etwas muss hinzugefügt werden, das einem verbreiteten westlichen Verständnis von Gesellschaftsstrukturen entgegensteht: Eine Frau kann meist nicht die Rolle des Patriarchen einnehmen. Es ist gut, wenn das Maßnahmepersonal in diesem Modell von einem „Sippenersatz" die Vater- und die Mutterrolle repräsentieren kann. Doch ohne die durch eine männliche Fachkraft verkörperte Vaterrolle geht es meist nicht, schon gar nicht bei Flüchtlingen, die aus patriarchalisch geprägten Gesellschaften stammen. Sie in der Weise umerziehen zu wollen, dass sie eine Frau als „Clanobere" akzeptieren, ist ein Anspruch, der vielleicht ehrenhaft ist, der aber in der Praxis nun einmal nicht funktioniert.

Wir haben in unserem Projekt durchaus auch weibliche Mitarbeiter, die voll akzeptiert werden – jedoch nur in dem Gesamtkontext, in dem eine männliche Fachkraft als „Clanoberster" der Gruppe vorsteht. Das zeitweise Ausfallen der männlichen Fachkraft durch Urlaub oder Krankheit bringt ein Ungleichgewicht hervor, das durch Nachlassen in der Disziplin und Zuverlässigkeit sich sichtbar äußert.

Dass die hier dargestellten Prinzipien nicht „political correct" sind, ist mir voll bewusst. Das zeigt doch nur, dass die Wirklichkeit sich nicht danach richtet, was „political correct" ist! Wir benötigen ein anderes Paradigma für einen neuen Wertekatalog des interkulturell gesellschaftlichen Zusammenlebens, wie es diese Zeit erfordert: der Mensch als Herdentier mit einer Sehnsucht nach einer Gruppe, die von einer Vater- und einer Mutterfigur zusammengehalten wird. Das ist das Paradigma, das zu Handlungsansätzen führt, die in der Praxis funktionieren.

Man hört immer wieder von Negativerfahrungen über undankbare Flüchtlinge, die in Privathaushalten aufgenommen worden waren. Sie haben nicht nur die Kühlschränke geleert, sondern auch zu Partys eingeladen, Wasserschäden verursacht und Geld gestohlen. Die Reaktion ist verständlich, wenn man nun „den" Flüchtlingen die Schuld gibt und sagt, es seien eben doch undankbare, unberechenbare und egoistische Naturen mit einer potentiellen kriminellen Energie.

Das ist jedoch sehr einseitig betrachtet. Es ist bei diesen Vorfällen oftmals erschütternd, wie naiv und unprofessionell die deutschen Gutmenschen dabei ans Werk gingen. Kaum einer von ihnen wäre je auf die Idee gekommen, einen deutschen Obdachlosen bei sich aufzunehmen. Da hemmen einen sehr gesunde Bedenken, wem man denn trauen kann und wem nicht.

Dabei liegt das Problem meist gar nicht so sehr in einer vermeintlichen kriminellen Energie der Flüchtlinge, sondern viel mehr in einem kulturellen Missverständnis: Es fehlt in den angebotenen Situationen einfach ein Unrechtsbewusstsein. Eine überlassene Wohnung oder ein herumliegendes Portemonnaie werden als ein Angebot zum Teilen wahrgenommen. Viele, die in afrikanischen oder asiatischen Ländern einmal unterwegs waren, machten die Erfahrung, dass die Idee des persönlichen Eigentums bei anderen Völkern längst nicht einen so hohen Stellenwert hat wie bei uns. Jede professionelle Einrichtung, die Flüchtlinge aufnimmt, stellt Regeln auf und grenzt die Bereiche und Zugriffsrechte zwischen den Betreuern und Flüchtlingen sehr genau ab.

Wenn Privatpersonen meinen, sie würden aus dem Überschwang ihres Herzens heraus alles richtig machen und dann den Flüchtlingen die Schuld geben, wenn es nicht nach ihren Vorstellungen läuft, dann haben sie etwas versäumt, was in jedem anderen Bereich selbstverständlich wäre: von den Professionellen zu lernen.

2.3   Die „angelernte Fachkraft"

In Deutschland mehr als in den meisten anderen Ländern wurde und wird der Wert eines Bewerbers auf dem Arbeitsmarkt daran gemessen, welche Papiere er vorlegen kann – Zeugnisse, Zertifikate, Lebenslauf. Allein das Geburtsjahr kann bewirken, dass ein Bewerber abgelehnt wird – ohne dass seine Fähigkeiten und Kompetenzen mit einbezogen werden. So berichtet eine bekannte Auswanderersendung von einem Tischler über 50, der in Deutschland einfach keinen Job mehr findet und deshalb nach Dänemark geht. Dort erhält er eine neue Chance im Bootsbau, bewährt sich und wird schließlich wegen seiner „deutschen Gründlichkeit" geschätzt. In einer anderen Folge sind Handwerker in Kanada zu sehen – ebenfalls in Deutschland lange arbeitslos gewesen – die, statt eines langen Procederes von Prüfung einer eingereichten schriftlichen Bewerbung und Vorstellungsgespräch, einfach aufgefordert werden, zwei Tage im Betrieb mitzuarbeiten. Bewährt sich der Bewerber in diesen zwei Tagen, dann kann er im Betrieb bleiben.

Es drängt sich einem das Gefühl auf, dass wir in Deutschland durch unser umständliches Bewerbungsverfahren Energien vertun und Potentiale verschenken. Durch Geburten-schwache Jahrgänge, teilweise schlecht ausgebildete Schulabgänger und durch aufgrund deutscher Borniertheit abgewanderter Fachkräfte ist mittlerweile eine neue Situation entstanden, wo die Betriebe händeringend nach Fachkräften suchen, um ihre Stellen zu besetzen.

Im Projekt PerF entstand durch die Möglichkeit, ein unentgeltliches und berufsunfallversichertes Praktikum anzubieten, die Chance, dass die Flüchtlinge, ähnlich wie Handwerker aus Deutschland in Kanada, sich einfach in der Praxis beweisen. Ein iranischer Sattler lieferte bereits am ersten Arbeitstag eine Arbeitsprobe ab, so dass ihm eine Stelle angeboten wurde, ebenso ein albanischer Computertechniker – lange bevor ihre Asylanträge beschieden wurden, ja noch bevor sie richtig Deutsch konnten! Zwei Bäcker aus Afghanistan – natürlich ohne Gesellenbrief – konnten sich in einer Großbäckerei in einem Praktikum so gut integrieren, dass sie ihren festen Platz fanden und eingestellt wurden. Es wurden ihnen schließlich Ausbildungsplätze angeboten – nicht weil sie von der Arbeit her einer Ausbildung bedurft hätten, sondern einfach, weil Ausbildung eher vor Abschiebung schützt als Arbeit („3+2-Regelung" = 3 Jahre Ausbildung, 2 Jahre Arbeiten; da sich viele schon zuvor seit Jahren in Deutschland aufhalten, hätten sie dann die 6 bzw. 8 Jahre in Deutschland erreicht, die zu einem Aufenthaltsstatus führen). Der Inhaber sah keinen anderen Weg, um die zuverlässigen und motivierten jungen Männer zu behalten! Da ihm ein Anliegen war, dass sie Deutschkurse besuchten, wurden die Arbeitszeiten so eingerichtet, dass es ihnen neben der Arbeit ermöglicht wurde.

Nicht nur in Bezug auf die Flüchtlinge, sondern ebenso in Bezug auf die deutschen Arbeitssuchenden denkt der Arbeitsmarkt mehr und mehr um: weg vom geforderten Zertifikat oder Gesellenbrief – hin zur „angelernten Fachkraft". Es geht nicht um den Status des zertifizierten Facharbeiters, der eben immer weniger dann zur Verfügung steht, wenn man ihn braucht. Es geht aber auch nicht immer nur um ungelernte Hilfsarbeiten. Es geht um sehr viele Tätigkeiten in der Arbeitswelt, zu denen

Quereinsteiger in wenigen Wochen oder Monaten hingeführt werden können – die aber zu ihrer Ausübung keiner dreijährigen Vorbereitung benötigen.

Auch hier wieder lenkt das Flüchtlingsphänomen unseren Blick mit einem Vergrößerungsglas auf Prozesse, die sowieso in der Gesellschaft laufen.

2.4 Perspektive für Flüchtlinge

Vielen der zuverlässigen und lernwilligen Absolventen der Maßnahme PerF konnte eine Perspektive geboten werden. Hierbei ist der Anteil der motivierten Teilnehmer gegenüber den unmotivierten nicht wesentlich anders als in den Maßnahmen mit deutschen Arbeitslosen. Viele fanden eine Arbeit, bzw. eine Ausbildung, bzw. einen Deutschkurs. Viele von denen aber, die nicht unmittelbar im Anschluss eine konkrete Perspektive fanden, stehen heute im Regen: Weitere Maßnahmen fehlen.

Wer einmal im B1-Deutschkurs gescheitert ist, dem wird kein weiterer finanziert (auch wenn gegebenenfalls die Schuld am Scheitern mindestens zum Teil beim jeweiligen Bildungsträger lag, der Gelder einkassiert hat, ohne eine reelle Gegenleistung abzuliefern).

So gibt es unter den PerF-Absolventen heute manche Dankbare und viele Enttäuschte. Das übergreifende Konzept fehlt nach wie vor.

PerF fing sehr oft Flüchtlinge auf, die noch gar keinen Deutschunterricht hatten bzw. wo der dreimonatige „Willkommenskurs" nur eine Alibi-Veranstaltung war, die sich nicht im Mindesten auf ihr Sprachvermögen auswirkte. Dennoch beinhaltete das Budget für die Maßnahme keinen Sprachmittler – der natürlich aus politischen Gründen vom Bildungsträger dennoch finanziert wurde. Hierbei zeigten sich die Bedarfe Anfangs nur in Arabisch, doch später nahmen in den Durchgängen der Maßnahme die Arabisch-Muttersprachler ab, dafür brauchten wir immer öfter Dari, Farsi, Urdu und Paschtu, welches wir nur über einen ungewöhnlich sprachbegabten jungen Mann aus Afghanistan abdecken konnten. Hinzu kam Russisch, wofür wir unsere Deutschlehrer aus dem osteuropäischen Raum einsetzen konnten.

Personell war die Maßnahme überhaupt unterbesetzt – wie in Arbeitslosenmaßnahmen üblich (wie allgemein im sozialen Bereich). Wenn ein Busfahrer krank wird oder Urlaub macht, so machen andere Busfahrer Überstunden – so weit so klar. Doch niemals würde man auf die Idee kommen, dass ein Busfahrer neben seiner eigenen Tour gleichzeitig die

Tour eines anderen übernimmt. Jedem ist klar, dass das nicht geht. Im sozialen Bereich ist das anders. In den Personalschlüsseln in den von den staatlichen Kostenträgern ausgegebenen Leistungsbeschreibungen kommen Urlaub und Krankheit nicht vor! So ist es üblich, dass Maßnahmemitarbeiter, obwohl ihnen häufig sowieso mehrere Projekte parallel aufgebürdet werden, auch noch für ihre Kollegen einspringen müssen. Im sozialen Bereich ist das angeblich immer möglich. Man kann ja eine Gruppenveranstaltung durchführen und „nebenher" noch Einzelgespräche machen – dann gibt man der Gruppe eben eine Aufgabe...

„Das bischen Sozialarbeit...", scheint die Vorstellung der Verantwortlichen zu sein. Das geht soweit, dass die Ausschreibungen für neue Projekte regelmäßig die Tarife für pädagogisches Personal unterlaufen. Da es sich, wie gesagt, um staatliche Kostenträger handelt, sind die letztlich Verantwortlichen in der politischen Führung des Landes auszumachen.

Zudem zeigte die Erfahrung in PerF, dass die Maßnahme mit 12 Wochen – von denen 6 Wochen Praktikum sein sollten – viel zu kurz war. Eine sechsmonatige Maßnahme mit einem längeren Vorlauf für eine gründliche Einführung in deutsche Kultur, Arbeitswelt, Geschichte und Denkweisen, sowie der Gelegenheit zu 2 bis 3 mal 4 Wochen Praktikum wäre eigentlich angebracht. Die inhaltliche Qualität der Maßnahme litt zudem trotz des Zubutterns des Bildungsträgers unter den personellen Engpässen. Die angesprochenen Erfolge konnten unter diesen Umständen nur erreicht werden, indem die Maßnahmemitarbeiter nicht nur sich persönlich voll einbrachten, sondern auch regelmäßig Überstunden machten. Das kann nur einen kleinen Vorgeschmack davon vermitteln, was möglich wäre, wenn die Maßnahmen bedarfsgerecht ausgestattet wären...

Auch hier wieder weist uns das Flüchtlingsphänomen nur auf Übelstände hin, die sowieso in unserer Gesellschaft bestehen: Das Soziale wird trotz überbordender Steuerkassen unterbewertet und unterfinanziert. Die Arbeitslosenmaßnahmen in Deutschland folgen – anders als beispielsweise in

Holland oder Dänemark – keinem zielgerichteten Konzept.

Dabei können, wie angesprochen, die Flüchtlinge in einer überalternden Gesellschaft eine demographische Lücke auf unserem Arbeitsmarkt füllen.

Mit einem verzahnten Konzept aus Deutschkursen und gut ausgestatteten Integrationsprojekten – wo die Teilnehmer nicht durch Anwalts- und Anhörungstermine wegen ihrem Asylverfahren aus ihrem Integrationsprozess herausgerissen werden – würden wir immer mehr vermeintlich Bedürftige zu Leistungsträgern und Steuerzahlern für unsere Gesellschaft machen.

Wenn Muslime Muslimen erzählen, dass ihnen die deutsche Gesellschaft geholfen hat und ihnen ein Leben im Wohlstand ermöglicht – DANN haben wir eine Chance, dass der Versuch einer gewaltsamen Islamisierung endlich aufgegeben wird. Nicht durch Betonpfeiler vor Weihnachtsmärkten. Und auch nicht durch Abschiebungen.

Migration ist kein Ausnahmefall in der Weltgeschichte, sondern die Regel. Wem sie Angst macht, der beweist nur, dass sein Horizont nach Erweiterung schreit.

19.06.2017 - Weltflüchtlingstag:

Neuer Höchststand:

65,6 Millionen Menschen auf der Flucht

Zum Weltflüchtlingstag am 20. Juni vermeldet das Flüchtlingshilfswerk der Vereinten Nationen (UNHCR) einen Höchststand: Ende 2016 waren 65,6 Millionen Menschen auf der Flucht vor Krieg, Gewalt und Vertreibung - mehr als 300.000 Menschen als im Jahr zuvor und damit der höchste jemals registrierte Stand.

Unter den 65,6 Millionen sind 40,3 Millionen Menschen, die innerhalb des Heimatlandes geflohen sind, die größte Gruppe. Es folgen 22,5 Millionen Flüchtlinge und 2,8 Millionen Asylbewerber.Hinter diesen anonymen Zahlen sind die persönlichen Schicksale zahlloser Kinder, Frauen und Männer verborgen, die von Krieg und Vertreibung ins Elend gestürzt wurden.

Im Schnitt wird alle drei Sekunden jemand auf der Welt zur Flucht gezwungen.

Einer von 113 Menschen weltweit ist von Flucht und Vertreibung betroffen.

„Egal welchen Maßstab man nimmt, diese Zahl ist nicht zu akzeptieren", betont UN-Flüchtlingskommissar Filippo Grandi. „Wir müssen zusammen sicherstellen, dass die Flüchtlinge, Binnenvertriebenen und Asylsuchenden weltweit angemessen geschützt und versorgt werden." [2]

Wir benötigen ein neues Selbstbewusstsein in unserem Land. Doch nicht um uns abzuschotten. Denn Abschottung beruht nicht auf Selbstbewusstsein, sondern auf Unsicherheit und Ängsten. Nur durch ein Selbstbewusstsein aufgebaut auf eine Verankerung in der eigenen christlichen Kultur finden wir die Kraft, gleichzeitig zu integrieren und dabei die eigenen Regeln nicht zu verleugnen.

Seit vielen Jahrzehnten schon gibt es Ausnahmen, z.B. was höchst archaische religiöse Rituale wie die Beschneidung angeht. Die grundgesetzlich zugesicherte körperliche Unversehrtheit und

---

[2] https://www.uno-fluechtlingshilfe.de/news/weltfluechtlingstag-neuer-hoechststand-656-millionen-menschen-auf-der-flucht-633.html

Selbstbestimmung wird hier nicht nur gegenüber den Muslimen, sondern auch gegenüber den Juden, einfach ausgesetzt. Wenn das Fremde uns Angst macht, dann mindestens zu einem Teil deshalb, weil wir nicht den Mut aufbringen, zu unseren eigenen Regeln zu stehen. Wenn schon nicht beim Tierschutz (Stichwort betäubungsloses Schächten), so sollte ja wohl spätestens bei der körperlichen Unversehrtheit von Schutzbefohlenen eine Grenze bestehen, wo die Toleranz aufzuhören hat!

Hier zeigt es sich, dass die fehlende Verankerung im eigenen kulturellen und gesellschaftlichen Selbstverständnis dazu führt, dass man sich selbst verleugnet – und dadurch letztlich andere Kulturen als Bedrohung empfindet. Die „Bedrohung" durch Flüchtlinge und durch den Islam zeigt letztlich nur ein Defizit auf, das schon lange da ist: Die Verankerung in der eigenen christlichen Kultur ist erschüttert und unsicher geworden.

Daher besteht angesichts des Flüchtlingsphänomens der Weg, die eigene Identität neu zu entdecken und zu wahren, nicht in Abschottung, sondern in einer gelebten christlichen Willkommenskultur.

Anders gesagt:

Die Flüchtlinge geben uns die Chance,

uns selbst wieder zu finden.

bisher vom Autor erschienen

-   *Christliches Yoga*
    - Irrweg oder Chance? -
    Weltanschauliche Gedanken,
    Books on Demand, Norderstedt, 2017

-   *Christus wiederentdecken*
    - Befreit von alten Dogmen
    zu den Wurzeln der eigenen Kultur finden -
    Weltanschauliche Gedanken,
    Books on Demand, Norderstedt, 2014

-   *Der Vollwertweg*, Sachbuch,
    Books on Demand, Norderstedt, 2010/2017

-   *Karol, der Weißmagier*, esoterischer Roman,
    Books on Demand, Norderstedt, 2010/2013

-   *Kreislauf des Lebens*, Gedichte,
    Books on Demand, Norderstedt, 2009

-   *Lebensreform heute*, Sachbuch,
    Books on Demand, Norderstedt, 2009

-   *Roh macht froh!*, Sachbuch,
    Mauer Verlag, Rottenburg, 2007

-   *gesund sein bis ins hohe Alter*, Sachbuch,
    Ulmer Verlag, Tuningen, 1999

-   *Die stille Revolution*, Gedichte,
    Eigenverlag, 1994